Tendance design

PETITS APPARTEMENTS

Copyright © Parragon Books Ltd
Queen Street House
4, Queen Street
Bath, BA1 1HE
Royaume-Uni

Auteur : Alejandro Asensio
Direction artistique : Marta Navarro
Iconographie : Javier Alonso
Maquette : Sigrid Bueno

Copyright © 2006 pour l'édition française
Parragon Books Ltd

Réalisation : InTexte, Toulouse
Traduction de l'espagnol : Cécile Carrion

ISBN 10 : 1-40548-211-7
ISBN 13 : 978-1-40548-211-0

Imprimé en Chine
Printed in China

Tendance design

PETITS APPARTEMENTS

p

SOMMAIRE

4
SOMMAIRE
Introduction

12
DU PLAIN-PIED AU DUPLEX
IGNACIO CARDENAL

20
ROUGE VIF
SERGIO STROKER

28
CONTAINER HOUSING
GUSTAU GILI GALFETTI

38
SUITE DANS UN ATTIQUE
ELLEN RAPELIUS

46
EXPONOR HOUSE
CANNATÀ & FERNANDES, ARQUITECTOS LDA

54
LIGNES DROITES
ROGER BELLERA

62
TRANSPARENT
CONCEPTS DE RÉSIDENCES URBAINES

72
INDUSTRIEL
MUN CASADESÚS

82
CHICKEN
SANTIAGO CIRUJEDA

88
EN CHANFREIN
SUSANA ITARTE

95
HABITACLE
JORGE CORTÉS, SERGIO GARCÍA ET BORJA GARCÍA

106
AU PIED DES PISTES
IÑAKI FERNÁNDEZ BIURRUN

114
STRUCTURE APPARENTE
M. MARTEEN

122
UNIPERSONNEL
MIGUEL ÁNGEL LLÁCER

130
BÂTIMENT INDUSTRIEL
MARIA VIVES ET LLUÍS ESCARMÍS

140
HIGH-TECH
JOAN LAO

148
DANS LE CENTRE
ARTHUR DE MATTOS

156
STIMULANT
CARLOS GAGO

166
LUMIÈRE NATURELLE
PETER RICHTERS

174
LOFT CUBE
WERNER AISSLINGER

182
STUDIO WAXTER
JAMES SLADE

190
CONTRASTES
BENN HAITSMA

198
MODULES AUTOSUFFISANTS
CANNATÀ & FERNANDES, ARQUITECTOS LDA

206
ANCIEN BUREAU
NEREA ETXEBARRÍA

214
APPARTEMENT PILOTE
ÁBALOS & HERREROS

222
BLANC ET NOIR
JOSÉ LUIS SAINZ

232
GAGNER EN HAUTEUR
CECILIA ISTÚRIZ

INTRODUCTION

ÉTUDE DU PANORAMA ACTUEL DES APPARTEMENTS DE PETITES DIMENSIONS ET PROTOTYPES

Sylvana Díaz

Analyse générale

À l'origine, la nécessité de construire de petits logements s'est imposée en raison du manque d'espace au sol, celui-ci ayant entraîné une hausse du prix du mètre carré. Il ne s'agit donc pas d'un problème récent : comme l'indique le collectif espagnol Flysophy (*Hogares microflexibles*, vol. 8, juin/juillet 2005), il existait déjà après la Première Guerre mondiale en Europe, période à laquelle on a commencé à réfléchir et à élaborer des théories sur le sujet. Par la suite, de nombreuses solutions, toujours d'actualité aujourd'hui, ont été proposées. Ce fut notamment le cas en 1929, au CIAM (Congrès international d'architecture moderne) de Francfort. Si l'on remonte encore le temps, on constate par exemple que la maison traditionnelle japonaise, avec ses tatamis et ses tables basses, s'est imposée dès le XIXᵉ siècle comme un admirable exemple de flexibilité, de commodité et d'ordre. Par ailleurs, les

petites maisons flottantes asiatiques de même que les cases africaines s'avèrent des espaces légers et polyvalents, pouvant préserver une certaine intimité grâce à des éléments mobiles en tissu. Actuellement les changements politiques, économiques, sociaux et culturels génèrent de nouveaux modèles familiaux et styles de vie, condamnant pratiquement tout modèle d'habitat figé. Il est ainsi plus nécessaire que jamais de proposer des alternatives aux types de logement traditionnels. La recherche chemine par les sentiers de la transformation, de la flexibilité, de la diversité et de la mobilité. Certaines expositions ont abordé le sujet sous cet angle : l'exposition Living in Motion ; Design and Architecture for Flexible Living, du Vitra Design Museum en 2002 ; le Concreta 2003 au salon Exponor de Porto ; ou encore l'exposition APTM à la foire Contrumat 2005 de Barcelone, notamment.

MOBILIER ET MATÉRIAUX

L'espace réduit des petits appartements qui sont présentés dans cet ouvrage impose que le mobilier devant y prendre place soit étudié minutieusement. Dans de telles conditions de logement, les éléments mobiles doivent occuper un espace précis où rien ne doit être superflu ou laissé au hasard. C'est la raison pour laquelle ce sont en général des éléments au design sobre, simples, souvent presque minimalistes. Fonctionnels, ils s'intègrent dans un projet global. Il est particulièrement important que les matériaux, les textures et les couleurs des meubles s'accordent à l'esprit même du projet. Ils ont pour vocation de générer des sensations particulières, souhaitées dans chacune des pièces selon leurs fonctions et les intentions du créateur et des clients – que l'on recherche la sérénité ou, au contraire, des contrastes qui marquent souvent le caractère d'un espace.

ASSOCIATION DE COULEURS

En raison de sa capacité à diffuser la précieuse lumière naturelle dans les lieux les plus dissimulés et utilisée en finition dans certains parements opaques, la couleur blanche convient particulièrement aux petits logements. De même, on joue fréquemment avec des éléments transparents ou translucides à chaque fois que leurs fonctions le permettent. Cependant, le projet exige parfois l'emploi de couleurs qui offrent les contrastes nécessaires à le structurer. Les couleurs peuvent délimiter les différents espaces ou créer une ambiance particulière, voire un certain état d'esprit, si l'on s'en réfère à la théorie psychologique de la couleur. À cet égard, même si d'autres textes plus récents ont traité le sujet, la *Théorie des*

couleurs de Goethe reste aujourd'hui encore une référence. Les couleurs chaudes y sont considérées comme stimulantes et gaies, voire excitantes, tandis que les couleurs froides auraient des vertus apaisantes, calmantes ou même déprimantes. Bien que ces définitions semblent à priori purement subjectives et résultant d'une simple interprétation personnelle, les études en la matière paraissent avoir démontré qu'elles se vérifient couramment chez la majorité des individus. Les effets de la couleur sont le fruit d'associations inconscientes que nous établissons avec les phénomènes de la nature. Selon cette théorie, la couleur blanche exprime l'idée de pureté, d'unité et d'harmonie.

GAGNER DE LA HAUTEUR

L'espace limité des petits logements influence énormément leur futur fonctionnement ; et comme nécessité est mère d'ingéniosité, on a toujours recours à un procédé qui consiste à utiliser les ressources du plan vertical pour combler les carences du plan horizontal. Les moyens d'appliquer cette méthode sont multiples et dépendent des possibilités du projet. La solution la plus évidente consiste à créer une mezzanine qui abritera la chambre à coucher, libérant ainsi de cette pièce l'étage inférieur, qui sera alors exclusivement dédié à l'espace de jour. Il est également courant de profiter de la hauteur pour créer des zones de rangement aménagées de placards, de créer des entrées de lumière dans des zones où elle n'avait pas accès jusqu'alors, ou de définir chacune des fonctions des différents espaces en jouant sur le niveau du plafond ou du sol. Ces dénivellations permettent d'échapper aux structures conventionnelles qui brisent la continuité visuelle que, justement, l'on recherche dans ces espaces, prévus pour être polyvalents, pratiques et flexibles.

CARACTÉRISTIQUE DES ESPACES PROPOSÉS

Lorsqu'il s'agit de réhabilitations, les projets présentés tentent de trouver des solutions à des problèmes non résolus dans les habitats d'origine. La dégradation des espaces dans lesquels il faut intervenir, la nécessité de les adapter à un nouvel usage et leur cloisonnement excessif, pour un espace réduit, déterminent quelques options partagées par nombre de propositions. On recherche un certain éclairage, une continuité spatiale et visuelle d'un espace qu'il convient de ne pas trop cloisonner en raison de ses dimensions. S'ajoutent création d'espaces pratiques et polyfonctionnels, reconquête des patios et terrasses comme prolongement de l'espace intérieur, traitement harmonieux des matériaux et finitions, et restitution de la tradition et de la mémoire du lieu, par la valorisation et la récupération, dans la mesure du possible, des qualités d'origine. Dans le cas des prototypes, il s'agit de solutions qui peuvent s'inscrire dans la durée de manière autonome ou qui, associées, sont susceptibles de constituer différents ensembles urbains. Ils sont conçus à partir d'éléments standardisés afin de réduire les coûts et rationnaliser la consommation d'énergie. Ils ont par ailleurs vocation à être équipés d'éléments mobiles comme des panneaux et du mobilier à roulettes. Pour la construction de ces prototypes, on recourt le plus souvent à des matériaux contemporains et à de nouvelles technologies, ou on utilise des éléments détournés de leur fonction première. Ils sont dessinés pour être facile à transporter, à monter et à installer. Il s'agit en fait d'expploiter au mieux les petites dimensions du logement.

PROTOTYPES

Cet ouvrage présente quelques prototypes de petits logements, issus de la collaboration entre des institutions, des entreprises privées et des architectes, en réponse à la nécessité de concevoir un modèle de logement social convenable et à prix modéré, construit avec des matériaux de qualité et robustes. L'objet de réflexion, tel qu'il est envisagé dans des salons de la construction comme Construmat ou Concreta, ou encore dans l'expérience du Loftcube (« container habitable ») à Berlin, est le même : des logements locatifs urbains, présentant de nouvelles typologies et un petit espace habitable, un budget réduit, mais une réelle efficacité en termes d'économie d'énergie et de construction. Le récent projet espagnol APTM, exposé au salon Construmat en 2005 à Barcelone, avait pour objectif de réfléchir à la problématique du logement social, en explorant les nouvelles conditions spatiales et idéologiques du logement à prix modéré que les entreprises du secteur, soumises à de nouvelles normes, doivent prendre en compte pour intégrer les changements nécessaires de l'habitat.

DU PLAIN-PIED AU DUPLEX

IGNACIO CARDENAL

Architecture intérieure : Estudio OTO **Photographie** : Jordi Miralles

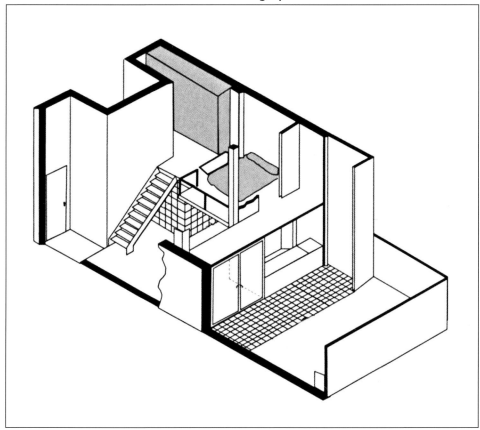

Les conditions d'abandon dans lesquelles se trouvait cet appartement ne jouaient pas en sa faveur ; en revanche, à l'arrière, un patio apportait une source de lumière appréciable. Le projet a consisté en une réhabilitation intégrale, incluant des travaux d'excavation afin d'obtenir la hauteur suffisante à la pose d'une mezzanine. En matière de distribution de l'espace, tous les éléments de séparation ont été éliminés afin de fluidifier l'espace. Les seules portes et cloisons se trouvent dans la salle de bain et dans l'entrée. Au cours de la démolition, la découverte d'un mur en briques dissimulé sous une couche de plâtre a été le facteur déterminant dans le choix

de l'emplacement de la salle de séjour, qui a ainsi revêtu un certain caractère « industriel ». Pour le coffrage de la mezzanine, un plancher de bois et de béton a été posé. Des lampes à incandescence, de forme allongée comme celle des tubes fluorescents, y ont été intégrées afin de dispenser une lumière plus chaude. Les cloisons de la

DU PLAIN-PIED AU DUPLEX

salle de bain sont constituées de pavés de verre et la cuisine est orientée vers le patio. Un escalier métallique relie l'espace de jour à la mezzanine – espace de nuit qui comprend la chambre, la penderie et le bureau. Le parquet flottant en chêne, commun à tous les espaces, et l'harmonisation des matériaux de revêtement confèrent

à l'ensemble la continuité spatiale désirée. Les peintures murales, traitées dans un léger camaïeu – de la gamme des blancs –, transforment au fil de la journée la physionomie de l'espace selon la luminosité.

DU PLAIN-PIED AU DUPLEX

ROUGE VIF

SERGIO STROKER

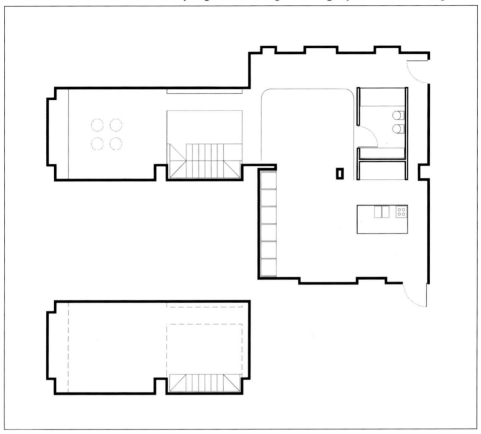

Il s'agit d'un entrepôt d'environ 100 m², doté d'un étage en L disposant de plus de 3 mètres sous plafond et relié à un étage inférieur, utilisé auparavant comme cave. La stratégie de réhabilitation a consisté à donner plus d'ampleur aux volumes et à structurer les différents espaces afin qu'ils soient indépendants, tout en étant reliés spatialement et visuellement. La volonté de transformer en lieu de vie un espace dont ce n'était pas la destination première a contraint le client à prendre une position ferme et courageuse, et l'architecte à concevoir le caractère subversif de cette option. Le projet privilégie les espaces épurés et réinvente leur structuration.

Par ailleurs, tout est fait pour que le passé industriel de cet immeuble demeure perceptible. Les maîtres d'œuvre ont fait le choix délibéré de renoncer aux cloisons, de camoufler les aires de rangement et de créer des espaces fluides afin que, sur un même lieu, puissent se côtoyer des activités diverses. Sur la face nord du L se trouve le noyau rouge, indépendant et fermé, qui abrite la salle de bain et l'îlot de la cuisine, traité de la même couleur. Au premier niveau, la salle à manger et le salon s'étendent sur l'espace restant. La chambre à coucher et la penderie occupent le niveau inférieur. Au centre de l'appartement, la hauteur est structurée en trois

niveaux. À l'entresol, zone intermédiaire entre les deux étages, se trouve un bureau. Cet « emboîtage » des espaces et les jeux de hauteurs multiplient les perspectives et permettent à la lumière d'inonder tout l'espace au niveau inférieur. Cette lumière vient du patio de l'édifice d'une part, et des fenêtres donnant sur la rue d'autre part. Dès lors, un seul coup d'œil sur l'espace intérieur (cloisonnement minimum, lien avec l'extérieur réduit, sobriété des revêtements muraux et de l'ameublement) suffit pour en saisir l'esprit.

CONTAINER HOUSING

GUSTAU GILI GALFETTI

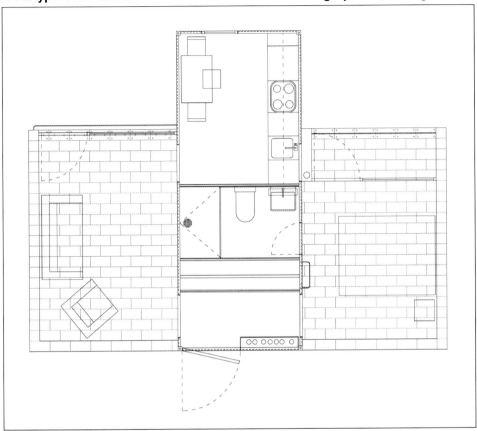

Le principe se présente comme un système de typologie générique plus que comme un simple objet architectural. Le salon APTM en a matérialisé l'idée en construisant, à échelle réelle, un prototype de l'une de ces possibles unités habitables. Le système en propose plusieurs, aux superficies variées, de 30 m² à 90 m², en réponse aux divers modèles familiaux envisageables. Par ailleurs, on procède à l'étude de l'assemblage des unités basiques selon diverses structures conventionnelles comme le bloc linéaire ou la tour. L'unité basique repose sur la division de deux espaces domestiques différenciés :

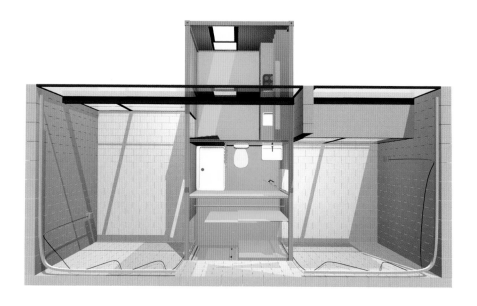

a) l'espace inachevé, neutre, perfectible, non hié-
rarchisé, diaphane, ouvert, à moindre coût d'exé-
cution et susceptible d'être aménagé par l'habitant lui-même.
b) l'espace hautement équipé, très défini, compact, fermé, technologique, industrialisé, préfa-
briqué, et disposant des services qui confèrent
les conditions adéquates d'habitabilité et de
confort.

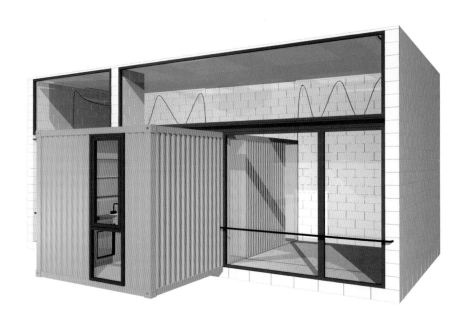

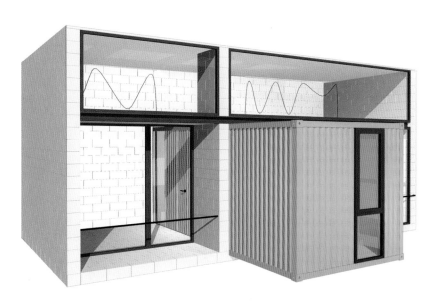

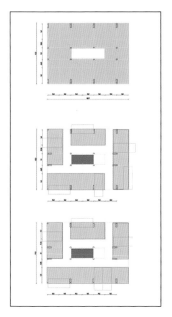

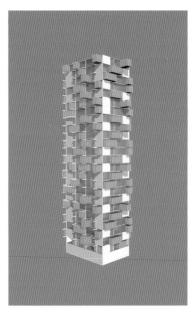

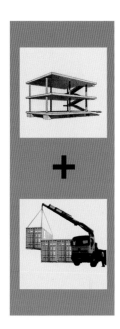

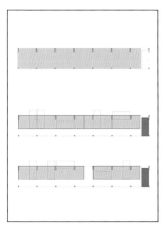

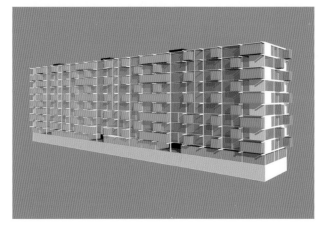

32

CONTAINER HOUSING

À cet effet, deux systèmes de construction clairement différenciés sont utilisés :

a) une structure modulable aérée, avec des piliers et des supports en béton armé agissant comme des planches de soutien, qui optimisent l'entrée de la lumière, l'utilisation du béton armé permettant de respecter un budget convenable.

b) une construction en atelier de packs de services, réutilisant les conteneurs maritimes standard ISO20 à l'usage domestique, pour exploiter leurs caractéristiques intrinsèques – ils sont en effet modulables, simples d'utilisation, transportables, durables, robustes et interchangeables.

CONTAINER HOUSING

SUITE DANS UN ATTIQUE

ELLEN RAPELIUS

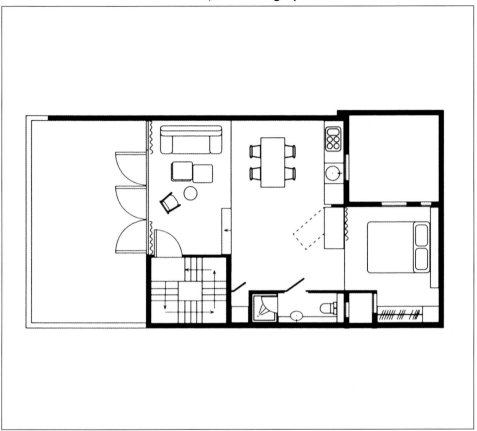

L'adaptation de l'attique original aux impératifs de son propriétaire a consisté en une réhabilitation intégrale de l'espace, initialement en mauvais état. À l'origine, l'attique était orienté vers l'intérieur de la maison, ainsi privé de la lumière et de la chaleur de l'été. Il disposait de deux terrasses à deux niveaux différents, une sur le toit et l'autre à la même hauteur que l'appartement. En raison de ses dimensions réduites, on a préféré supprimer toute cloison obstruant la lumière et brisant la continuité visuelle, en laissant l'espace le plus ouvert et le plus fluide possible, et en réinstaurant le lien avec l'extérieur par une terrasse. Comme pour une suite d'hôtel, on a

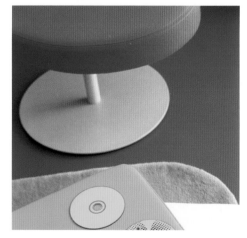

décidé de dissocier les fonctions sans les isoler, objectif atteint grâce à la création de dénivelés élevant le plancher dans le salon et la chambre à coucher. Le déplacement de la cuisine et de la salle de bain a été essentielle pour la réhabilitation puisqu'elles se trouvaient à l'origine au fond de l'appartement près du patio lumineux, fermées au reste de l'espace. La salle de bain est

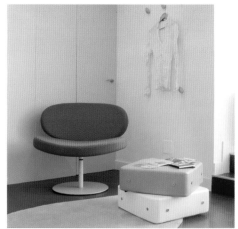

désormais face à un conduit d'aération et la cuisine est installée au centre de l'appartement, constituant un lien entre la salle à manger et le salon. Dans la zone dégagée du fond se situe la chambre à coucher avec penderie, séparée de l'espace de jour par un rideau blanc facilitant le passage de la lumière. Le blanc est la couleur

43

SUITE DANS UN ATTIQUE

dominante, ce qui augmente la sensation de luminosité. La note de couleur est apportée par le vert pistache et l'orange, choisis pour le mobilier. La couleur adoptée pour le lino rappelle la brique de la terrasse et souligne ainsi le prolongement de l'espace jusqu'à l'extérieur.

SUITE DANS UN ATTIQUE

EXPONOR HOUSE

CANNATÀ & FERNANDES, ARQUITECTOS LDA

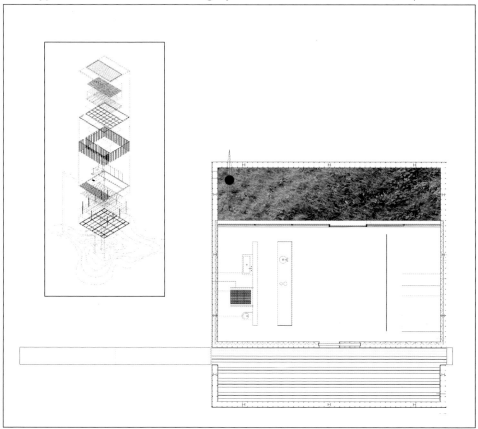

La recherche et l'expérimentation qu'implique l'étude de la réhabilitation d'une maison ont toujours constitué un attrait et un défi professionnel pour l'architecte. La tâche comporte autant de facteurs économiques que technologiques et doit correspondre aux évolutions dynamiques de la société. Malheureusement, le facteur économique relègue au second rang la recherche de la commodité dans la vie familiale, retardant l'évolution naturelle de cette mission par rapport à d'autres domaines – santé, aéronautique… – dont les budgets sont bien connus. La nouvelle famille a besoin de confort et de fonctionnalité ne pouvant être satisfaits que par la

technologie et la science ; ainsi la majorité des maisons portugaises construites de nos jours élude encore cette nécessité, maintenant un type d'habitat faiblement évolué. Les auteurs veulent donc révolutionner ce processus de construction anachronique, en réduisant à la fois la main-

d'œuvre et le temps nécessaires grâce à la flexibilisation spatiale et l'introduction de nombreux éléments préfabriqués. Selon ces auteurs, le projet cherche à répondre aux exigences auxquelles la maison contemporaine est confrontée : elle doit être « intelligente » parce qu'elle doit

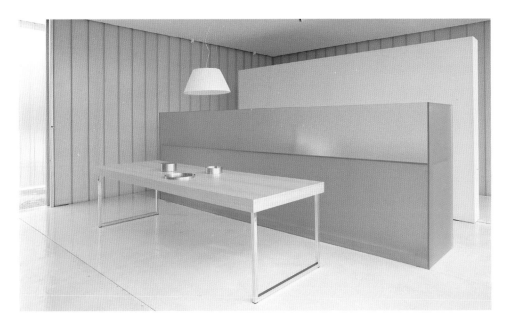

être jolie, fonctionnelle, confortable, logique et économique en termes de maintenance et de gestion. En outre, elle doit s'attacher autant à la sécurité et à l'intimité qu'au plaisir intellectuel.

LIGNES DROITES

ROGER BELLERA

Architecture intérieure : Produccions de Disseny Beller **Photographie** : Jordi Miralles

Stylisme : Meritxell Moreno

L'espace d'origine avait un grand potentiel qu'a su appréhender et sublimer l'auteur de la réhabilitation. Il s'agissait d'un vaste espace totalement ouvert, aux plafonds hauts et dotés de poutres en métal lui conférant un caractère industriel. Le chef du projet a choisi de ne pas cacher la structure mais de la montrer telle quelle, et de profiter de la hauteur généreuse pour ériger une mezzanine où la chambre à coucher sera aménagée par la suite. Le rez-de-chaussée consiste en un espace diaphane dédié à l'espace de jour de l'appartement, où les divers usages sont délimités par la disposition du mobilier et le traitement chromatique – la continuité visuelle

avec le reste de la pièce est cependant mainte-
nue. Ainsi, le salon est principalement constitué
d'éléments noirs, tandis qu'on a utilisé les couleurs blanche et rouge dans la cuisine et la salle
à manger. Le salon, où la hauteur d'origine a été
conservée, est au pied de la mezzanine et forme
un carré convivial, tandis que la cuisine et le coin
repas se situent à l'entrée de la mezzanine,

57

dimensionnés de manière plus adéquate à leur fonction. Pour préserver l'intimité de la chambre à coucher face à l'activité du rez-de-chaussée et créer un point d'appui pour le lit, on a élevé un mur en L, donnant ainsi à cet espace la tranquillité nécessaire. La salle de bain au rez-de-chaussée occupe un espace annexe auquel on accède par la cuisine ; au-dessus de la salle

de bain, à l'étage, apparaît la penderie. L'escalier menant à la chambre est uniquement composé de marches régulières encastrées dans le mur, sans main courante, offrant la même simplicité que celle qui prévaut dans tout le design de cet appartement.

TRANSPARENT

CONCEPTS DE RÉSIDENCES URBAINES

Il s'agissait à l'origine d'un local commercial avec un accès direct sur la rue, comprenant deux étages de 65 m^2 chacun, sombre, mais dans un immeuble historique intéressant du quartier du Raval de Barcelone. Dès le début, les auteurs ont pensé à un jeune couple comme habitants potentiels de ce nouveau logement, « capables de donner libre cours à leur créativité, inspirés par une maison si singulière ». L'équipe, spécialisée dans la rénovation de tels édifices, a opté pour la sauvegarde de quelques matériaux d'origine, comme les briques apparentes, en les associant à d'autres éléments récents, telles les parois vitrées faisant office de cloisons. Ainsi, les éléments fonc-

tionnels se répondent, sans amoindrir la répartition de la lumière dans le reste du logement. La combinaison des matériaux pour la réalisation des murs opaques repose sur l'usage de la brique rustique et du stuc à la chaux. Les pavements continus sont à base de résine époxydique, sauf dans les chambres, où l'on a posé du

sisal. L'escalier en encorbellement se fond entre
les deux étages avec ses marches en métal et
ses rampes en verre sur montants d'acier inoxydable. Une fois la réhabilitation achevée, l'appartement devient un espace « polyvalent, diaphane, conçu pour vivre et travailler », avec une

capacité d'accueil de quatre personnes, puisqu'il abrite deux chambres et deux salles de bain, dans ce qui n'était auparavant qu'un vieux bar.

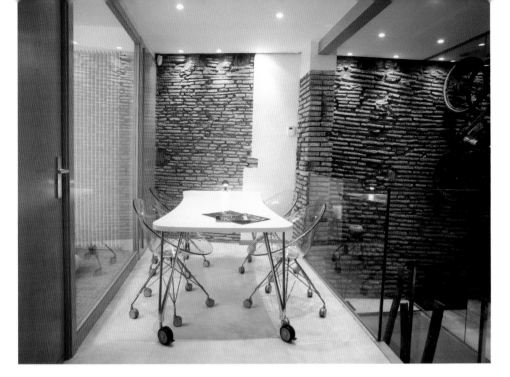

INDUSTRIEL

MUN CASADESÚS

Architecture intérieure : Arquitectura y Disseny Casadesús **Photographie** : J. Luís Hausmann

Stylisme : Jorge Rangel

Le loft en question est le fruit de Casadecor 2002, un salon de décoration ayant lieu tous les ans dans différentes villes d'Europe. Ce salon s'est fait la réputation de plus grande vitrine du design intérieur. Il est destiné à un public varié mais ayant un intérêt commun pour le design : décorateurs, designers ou architectes.

Le principe est un lieu éphémère explorant le domaine du logement de petite dimension en un espace unique créé exclusivement pour le salon. Il en a résulté un espace légèrement compartimenté, très haut, et d'une esthétique industrielle notable par le choix des éléments et matériaux utilisés pour les supports et les escaliers,

plus caractéristiques des échafaudages de construction que de l'usage domestique. Le loft réserve toute la superficie du rez-de-chaussée au salon, à la cuisine et à l'entrée, dans une perspective visuelle continue. La chambre à coucher, quant à elle, se place dans une encoignure, derrière de grandes toiles suspendues au plafond comme dans les coulisses d'un théâtre. De la chambre, on accède à la salle de bain protégée par une cloison opaque blanche qui se ferme par une porte coulissante en verre. Un escalier relie le salon et la mezzanine, qui tient lieu de penderie apparente dont l'agencement est caractéristique des magasins de vêtements, où les cintres sont accrochés à des tubes en acier. Ils sont suspendus aux murs, le long de la passerelle conçue avec des plateformes métalliques démontables, utilisées en construction et servant ici de support du niveau supérieur. Les autres matériaux, pourvus d'un certain

caractère industriel, comme la tôle perforée,
l'acier inoxydable ou les éclairages suspendus
au plafond sont également utilisés dans cet
espace domestique afin d'en étudier l'adapta-
bilité.

CHICKEN

SANTIAGO CIRUJEDA

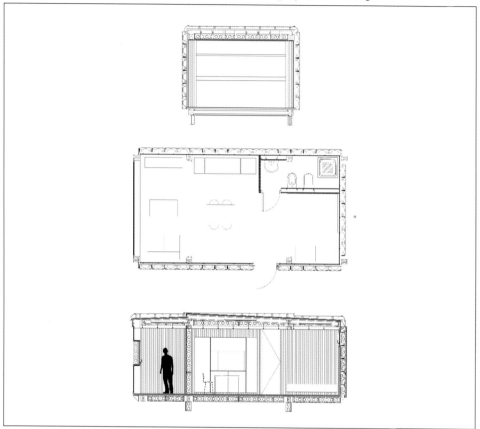

L'auteur, plongé depuis trois ans dans l'étude de projets développant les situations urbaines non planifiées par l'urbanisme traditionnel, projette la construction d'un modèle d'architecture mobilière qui se situera dans un fragment urbain précis du quartier du Poble Sec, à Barcelone. Le projet entend stimuler les rela-tions entre les acteurs et les institutions sus-ceptibles de résoudre la problématique urbaine. Saisissant l'opportunité offerte par le salon APTM, qui tente de reconsidérer les dimensions spatiales des petits logements selon les modè-les familiaux, les économies de moyens et le design des espaces communs, l'auteur se

85
CHICKEN

concentre sur la mise en œuvre du projet sur un terrain de Barcelone. La structure devra accompagner un centre d'activités culturelles indépendant, réunissant diverses organisations. L'auteur est convaincu qu'avec ce prototype de maison démontable, il sera possible d'occuper divers terrains de la ville, associant cette forme de vie à celle des nomades, organisant l'aménagement comme la gestion de terrains de manière temporaire. Il s'agit évidemment de l'occupation de terrains à construire, grâce à des structures habitables adaptables, pour un emplacement d'au moins deux ans justifiant les efforts d'investissement.

87
CHICKEN

EN CHANFREIN

SUSANA ITARTE

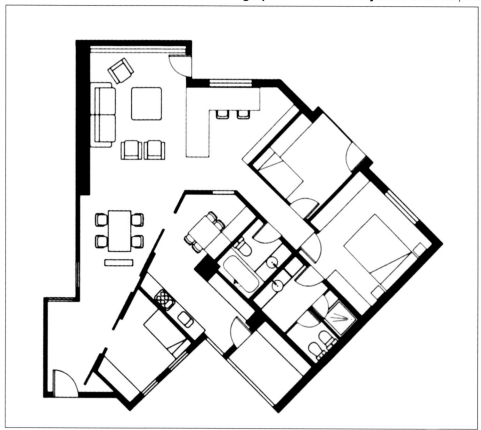

L'appartement d'origine disposait d'une excellente orientation et de beaucoup de lumière, même s'il a été trouvé en assez mauvais état et si sa distribution était assez complexe, avec de larges couloirs qui débouchaient sur de petits espaces fragmentés. En outre, les angles de l'étage créés par sa disposition en chanfrein, ont rendu l'agencement des pièces et l'exploitation de la lumière difficiles. La clef du problème a consisté à introduire un élément central faisant office de colonne vertébrale : un mur avec des portes coulissantes, qui tire profit au maximum de la lumière naturelle et réduit en contrepartie les couloirs. Depuis le vestibule de l'espace de

jour de l'appartement, la nouvelle distribution se conçoit comme une enfilade d'espaces – vestibule/salle à manger/salle de séjour/bureau – où les fonctions amorcent une interactivité visuelle et acoustique. Ainsi, l'existence d'un pied-droit structural dans le vestibule procure

EN CHANFREIN

l'intimité nécessaire face aux visites inattendues. Le mobilier du salon a été créé sur mesure avec du DM (panneau aggloméré de fibres) laqué et dessiné par l'architecte et propriétaire de l'appartement. Les critères pour l'ameublement étaient : « simplicité, luminosité et ouvertures des espaces du projet », signale la décoratrice responsable du projet. Le fond est de couleur blanche avec des détails de couleurs vives pour quelques éléments.

HABITACLE

JORGE CORTÉS, SERGIO GARCIA ET BORJA GARCIA

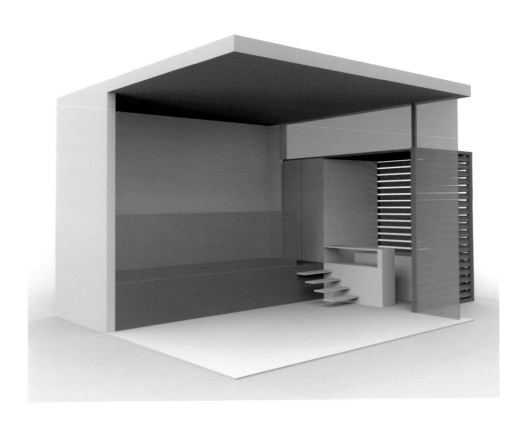

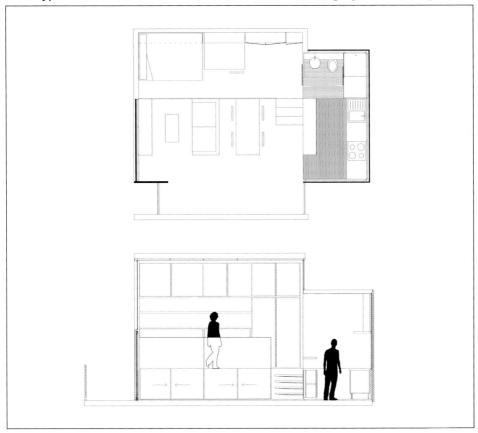

L'objectif est de tirer le meilleur parti de l'espace disponible en étudiant les hauteurs de l'habitacle qui, à leur tour, déterminent la répartition des divers usages. Dans l'espace diurne, le toit plus bas permet de faire pénétrer de la lumière dans le volume principal et les zones les plus recluses (comme la salle de bain et la cuisine). Dans l'espace nocturne, qui est le plus haut volume principal, on a surélevé le sol de quatre-vingts centimètres pour établir une rupture dans la surface générale sans la cloisonner. Sous cette zone se loge un espace de rangement qui abrite les meubles de la pièce, libérant ainsi de l'espace. Dans la zone surélevée, on a recours au même

principe : pour agrandir la capacité d'accueil de la chambre à coucher et du bureau, le lit et la table peuvent disparaître, de même que tous les éléments de bureau se glisser dans l'épaisseur du mur grâce à un container plat. L'espace nocturne de ce logement est clos par des lattes de bois qui préservent l'intimité et le protégent de la vue extérieure. Le mobilier de base est inclus dans le logement afin que celui-ci soit opérationnel dès son acquisition, pour ses propriétaires ou ses locataires. En outre, l'habitacle peut être conçu horizontal ou vertical, s'adaptant ainsi

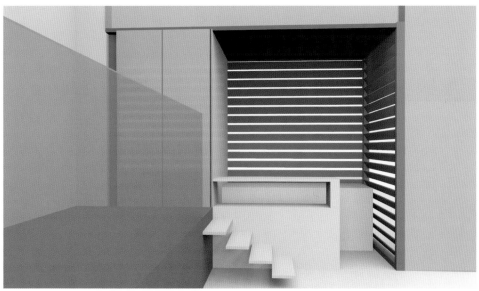

à de multiples emplacements. Il s'agit en fin de compte d'un module polyvalent et polyfonctionnel, dont le principe de logement de petite dimension ouvre la voie à d'autres concepts comme l'amplitude visuelle, l'aménagement maximal ou la qualité spatiale destinés à l'amélioration des conditions de vie. L'emploi de matériaux préfabriqués, au montage facile et rapide, contribue à un meilleur rendement énergétique, notamment en termes de luminosité à l'intérieur de l'habitacle, grâce à sa concentration dans un espace unique et à la présence de grandes ouvertures sur les façades. La ventilation croisée entre

les deux façades favorise la climatisation du logement sans recourir à des agents extérieurs. Pour l'assemblage en plusieurs logements, on résout la circulation verticale grâce à des noyaux d'ascenseurs ou d'escaliers, et la circulation horizontale par des couloirs qui mènent aux zones d'accès couvertes de chaque habitacle. Les espaces intermédiaires de copropriété peuvent servir de lieu de rencontre, de parking à vélo ou être réservés à d'autres usages.

AU PIED DES PISTES

IÑAKI FERNÁNDEZ BIURRUN

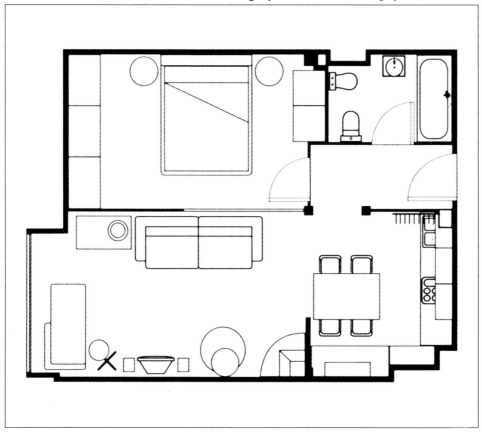

Le propriétaire et auteur de ce projet cherchait un logement situé le plus près possible d'une station de ski. Il a trouvé cet appartement de 40 m², à la couverture en bois laminé et en bâtière, à Formigal. L'appartement bénéficiait d'une baie vitrée avec vue sur les pistes et d'un Vélux dans l'un des plans inclinés du toit ; le reste de l'espace était sombre, mais disposait de potentiel pour la réhabilitation. L'objectif consistait à récupérer le volume originel de l'espace intérieur. C'est ainsi que les faux plafonds en plâtre de la salle de bain, du couloir et de la cuisine ont été supprimés. Il a fallu, par conséquent, modifier les installations de plomberie et d'élec-

tricité dans ces pièces. L'endroit révélant ainsi une hauteur supérieure à 4 mètres, on a opté pour la pose d'une mezzanine sur des poutres de sapin, à laquelle on accède par un escalier aux supports métalliques fixes, aux marches gironnées en bois et à la main courante latérale en métal. Son emplacement devait occuper le

minimum d'espace et contourner les obstacles existants, si bien qu'assurer la continuité avec les éléments de la cuisine s'est transformé en une opération de haute précision. On a introduit deux Vélux en face de celui qui existait déjà pour éclairer l'étage. La séparation de la chambre à coucher principale et de l'espace unique salon/cuisine/coin repas est assurée par une cloi-

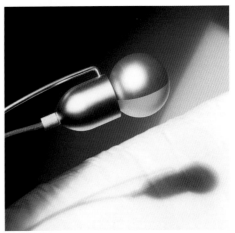

son dont la partie supérieure est vitrée et qui permet de projeter la lumière venant du toit du salon. À son tour, le salon est séparé de la cuisine/coin repas par une cloison en briques apparentes, de la hauteur d'une balustrade. L'intention de créer un climat chaleureux apparaît clairement dans le choix de la couleur des murs ainsi que dans l'emploi du bois qui revêt une bonne partie de l'espace.

STRUCTURE APPARENTE

M. MARTEEN

Photographie : J. luís Hausmann   **Stylisme** : Jorge Rangel

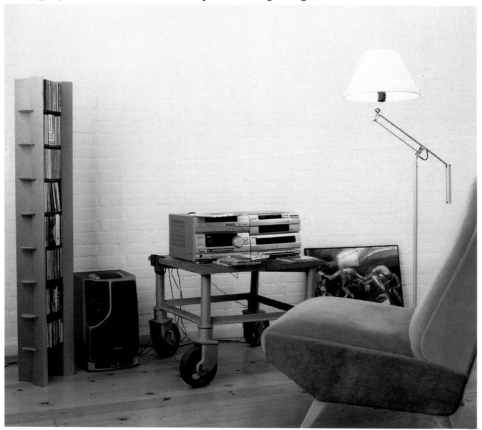

Le projet a consisté à transformer un ancien bâtiment situé dans le quartier industriel de Poblenou, à Barcelone, en espace habitable. Ce quartier fait actuellement l'objet d'un réaménagement urbain et d'une modernisation, appelée 22@ qui vise à remplacer l'industrie lourde et polluante par des activités dédiées aux nouvelles technologies de l'information et de la communication. La principale caractéristique de cet espace était une structure originale et intéressante, composée d'un cintre de bois avec des tirants métalliques au-dessus d'une couverture en bâtière posée sur des poutres en bois massif. Le projet a consisté à faire bénéficier de la hau-

teur généreuse du local sans plafond à toute la structure. Deux niveaux différents destinés à deux usages ont donc été créés. À l'étage inférieur se trouve l'espace de jour de l'appartement comprenant le vestibule, la cuisine, la salle à manger et le salon. En empruntant un escalier à deux limons en métal et des marches en bois massif, on accède à l'étage supérieur où se situent la chambre et la salle de bain. L'objectif est de créer de nouveaux volumes qui accueillent ces activités et apparaissent comme deux grands cubes blancs ouverts sur une face, pour

117

faire le lien entre le salon et la salle à manger
au niveau inférieur. Comme ils n'atteignent pas
le toit, ils peuvent s'apprécier dans toutes leurs
dimensions, se développant jusqu'à la hauteur
d'un balustre bas qui sert de garde-fou au niveau
supérieur, mais sans entraver la continuité spatiale et visuelle entre les deux niveaux. L'escalier
apparaît au centre de l'étage, se situant entre
les deux nouveaux volumes, espaces correspon-
dant à la cuisine et au vestibule de l'entrée.
Chromatiquement, le projet utilise le blanc pour

119

les nouveaux volumes, qui s'allie avec un violet clair pour les murs de l'appartement déjà existants et le bois naturel revêtant le sol, l'escalier et la structure originale, traitée pour sa réhabilitation.

UNIPERSONNEL

MIGUEL ÁNGEL LLÁCER

Photographie : Javier Ortega   **Stylisme :** Patricia lópez de Tejada

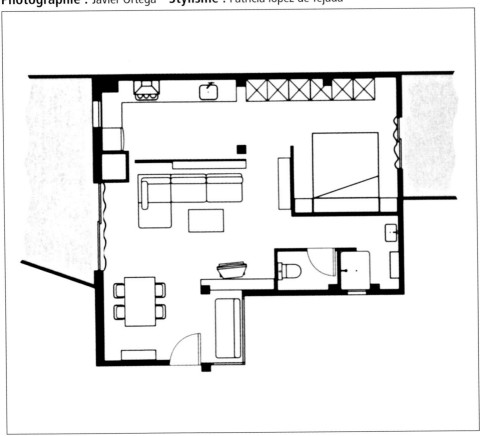

L'appartement en question, de seulement 58 m², était auparavant occupé par une famille ; aussi l'espace était-il très compartimenté et la gestion de la lumière difficile. L'architecte a mené à bien une réhabilitation intégrale, adaptant l'appartement à de nouvelles nécessités, créant un espace continu où les divers usages et fonctions sont dissimulés. Pour cela, il a fait tomber toutes les cloisons, a supprimé une des chambres à coucher et a récupéré un ancien balcon qu'il a incorporé à l'intérieur de l'appartement. Il en résulte un étage ouvert qui ne comporte qu'une porte : celle des toilettes. La séparation entre les diverses zones est matérialisée par une série de petits

murs – qui ne divisent pas l'espace –, nés de recoupements géométriques et de replis sur eux-mêmes. Ils séparent ainsi le séjour/coin repas de la cuisine et confèrent plus de tranquillité à l'espace de nuit. Le choix des finitions affiche la même intention de considérer le logement

comme un ensemble, en favorisant une lecture
rapide et globale de l'espace. De cette manière,
le parquet en ipé s'étend dans toute la maison,
y compris dans les salles de bains, sur les murs
et le plafond qui sont peints dans des tons de

gris tendre. Tout le mobilier de l'appartement est en hêtre, teint de couleur ipé, à l'exception du grand placard encastré entre la cuisine et la chambre, aux portes laquées en jaune.

UNIPERSONNEL

BÂTIMENT INDUSTRIEL

MARIA VIVES ET LLUÍS ESCARMÍS

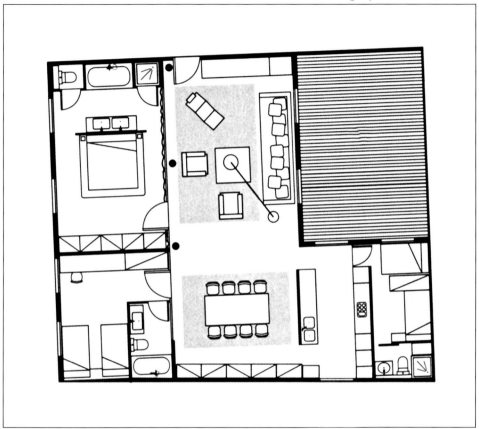

Le défi de cette réfection consistait à réussir à sauvegarder le plus fidèlement possible la mémoire industrielle du lieu, en préservant et en montrant la structure existante, et en apportant en même temps le confort et l'intimité recherchés par les propriétaires et auteurs du projet. L'objet de la réfection était un corps de bâtiment carré d'une superficie de 126 m², doté de grandes baies vitrées, d'une terrasse extérieure de 23 m² et d'une hauteur sous plafond de plus de 3 m. Le principal problème a résidé dans l'espace, encombré par un ensemble de poutres mixtes en bois et en acier, poutrelles métalliques, briques, voûtain catalan et piliers en fer forgé

que les propriétaires voulaient respecter mais qu'ils devaient adapter à la réalisation des trois chambres prévues par le programme fonctionnel. Afin d'atteindre leur objectif, ils ont choisi d'utiliser les trois galeries principales pour organiser les trois aires du logement. Dans la galerie

centrale, le salon où aboutissent les autres pièces ; dans les parties latérales les plus larges, les
chambres ; et dans le troisième espace, plus petit,
les salles de bain. La zone des chambres est iso-
lée par une verrière sur profil en fer tandis que
quelques structures libres en chêne séparent par

135

des cloisons la cuisine de l'espace central, de la chambre principale et de la salle de bain. Profitant de la hauteur, une mezzanine a été créée et aménagée en bureau au-dessus d'une des chambres, d'où s'appréhende la division de tout l'appartement. Le revêtement au sol, des

panneaux de copeaux de bois compressés, a été choisi pour faire écho à l'histoire industrielle de l'édifice. Sur les murs, la brique se conjugue avec la peinture blanche et grise dans les zones de séjour et sur les portes des chambres. Les meubles sont en majeure partie des créations des architectes, à l'exception des pièces classiques, de design contemporain.

HIGH-TECH

JOAN LAO

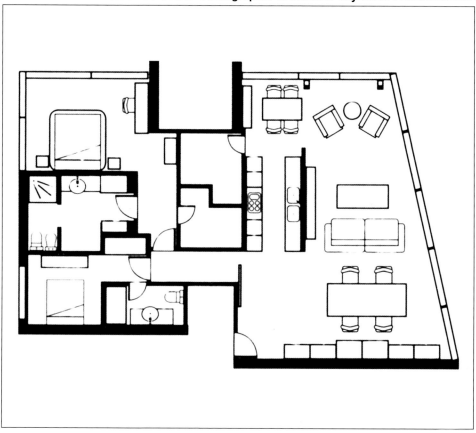

L'objectif de ce projet repose sur l'intégration de la technologie dans la vie quotidienne, un désir impérieux des propriétaires attirés par les « espaces ouverts et qui s'adaptent aux nécessités de l'instant ». Pour atteindre cet objectif, l'auteur du projet a mis en œuvre une technologie qui, à distance, réalise tous ses désirs : depuis l'ordinateur central, il est possible de contrôler le système d'alarme, une éventuelle fuite de gaz, la programmation de l'arrosage, la machine à laver, ou encore la conversion du salon en salle de projection (le cinéma étant la passion des propriétaires de l'appartement). L'auteur du projet a réussi à transformer le rideau en un grand

écran de projection. Le cœur de la maison est constitué par une pièce mixte comprenant le salon, la salle à manger et la zone de travail, flexible au gré des nécessités de l'instant. C'est la raison pour laquelle tous les meubles ont des roulettes, hormis le bureau et la bibliothèque conçue pour la pièce en question par le décorateur et dans laquelle est dissimulé le système informatique qui contrôle toute la maison et où sont installés de multiples moniteurs de contrôle.

L'abondante luminosité naturelle baignant l'appartement est atténuée par des stores doubles et des persiennes. De nuit, l'intensité de la lumière artificielle se règle aussi depuis l'ordinateur central. Face à tant de technologie, le matériau qui joue le premier rôle dans cet intérieur est sans aucun doute le bois.

DANS LE CENTRE

ARTHUR DE MATTOS

Architecture intérieure : ARTHUR DE MATTOS   **Photographie** : J. luís Hausmann

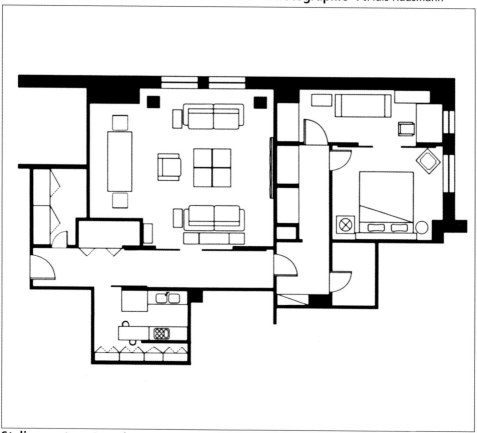

Stylisme : Jorge Rangel

L'architecte brésilien De Mattos, propriétaire et auteur du projet, se rend souvent à New York pour son travail. La situation de l'appartement, dans le quartier de Soho, sa hauteur de 3,5 m sous plafond, les possibilités de réfection et son orientation vers le sud, le rendant très lumineux, sont les particularités qui ont motivé le proprié-taire à le choisir comme foyer et base d'opéra-tions new-yorkais. L'appartement de 80 m² se compose d'un vaste salon diaphane qui commu-nique avec la salle à manger, d'une chambre avec penderie et zone de détente, de la salle de bain principale, de la cuisine et d'un petit bureau. Le centre de l'appartement est organisé autour du

salon/salle à manger contigu au couloir, pièce qui à son tour s'articule entre les zones publiques et l'intimité de la chambre. Une grande partie du mobilier a été dessinée par l'architecte lui-même et réalisée au Brésil, du tapis tissé à la main à l'immense tableau quadrillé du salon. Les tons chauds et les fibres naturelles se conjuguent avec les tons de bois de wengué, accentuant l'ambiance de refuge personnel et efficace face à l'agitation de la grande ville.

153
DANS LE CENTRE

STIMULANT

CARLOS GAGO

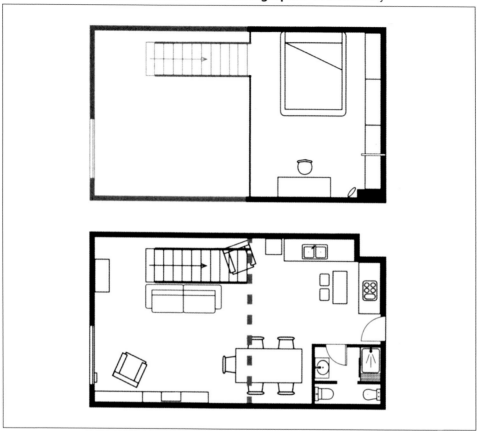

Le local d'origine est un des premiers lofts nés de la division d'un bâtiment industriel, fruit de l'âge d'or de l'activité au bord du Tage. Ses dimensions sont de 6 m de largeur pour 12 m de longueur et 5 m de hauteur, ce qui a permis de créer deux niveaux différents et d'agrandir l'habitat. L'éclairage naturel du local vient de la seule baie vitrée donnant sur la rue et à laquelle on accède, en raison de sa hauteur, par une échelle de piscine dessinée par le propriétaire. Profitant de la hauteur, on a créé une mezzanine au-dessus de la zone cuisine/salle de bain/salle à manger, située dans l'entrée de l'étage inférieur. Le reste de la superficie est dédié au salon,

à double hauteur, faisant apparaître le toit voûté d'origine. Il en résulte deux étages ouverts mais avec quelques aires fermées, comme les éléments de la cuisine ou de la salle de bain. Pour préserver la continuité et la perception globale de l'espace, on a élevé des cloisons partielles qui n'atteignent pas le plafond ou le sol, ne créant des compartiments fermés que dans les endroits où on le jugeait nécessaire, comme dans la salle de bain. À l'étage inférieur, le salon s'ouvre à la cuisine et à la salle à manger, donnant naissance à

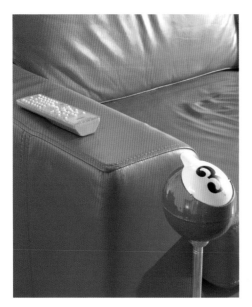

une zone continue où tout est apparent. Une esthétique industrielle a été créée dans la cuisine en hommage au passé de l'endroit. La salle de bain se trouve en face de la cuisine et semble s'y fondre avec des textures et des matériaux plus légers, comme le verre et les tons clairs des revêtements. Le mobilier de l'appartement est éclectique, mélangeant les styles, où le rouge est utilisé pour véhiculer force et vitalité. Un escalier léger en métal noir conduit à l'étage supérieur où

sont situées la chambre et la penderie et où l'on retrouve les revêtements de l'étage inférieur : parquet au sol, murs blancs avec des nuances de rouge et la structure de poutres et de piliers apparente teintée en noir. Pour concentrer toute l'attention sur la structure, cet étage est resté à peine meublé pour ne pas surcharger l'atmosphère, renvoyant l'observateur à la contemplation de l'espace et à ses vertus dimensionnelles.

LUMIÈRE NATURELLE

PETER RICHTERS

Architecture intérieure : ANTONIO DE JUAN **Photographie** : Jordi Miralles

Il s'agit d'un petit appartement constitué d'une seule pièce, au plan rectangulaire et doté d'ouvertures sur trois de ses côtés. La distribution suit une séquence ordonnée de salon/cuisine-salle à manger/chambre. La séparation des diverses fonctions est obtenue grâce à la disposition du mobilier, déterminant les divers usages de l'espace en l'absence des portes qui, habituellement, établissent ces limites. De cette manière, les meubles de la cuisine dans la partie centrale deviennent le noyau qui organise le reste de l'espace, créant deux portes d'accès à la chambre, tout comme le soffite placé contre la table de l'îlot central qui trace la limite entre la cuisine

et le salon. La chambre et le salon, situés aux deux extrémités du rectangle, disposent de fenêtres coulissantes qui courent d'une façade à l'autre, apportant la grande luminosité qui inonde tout l'appartement et qui est tamisée par des rideaux clairs en accord avec la couleur choisie pour les ornements. Dans la cuisine en revanche, et en contrepoint au reste du logement, la couleur prédominante est le noir, aussi bien pour le plafond et certains ornements que pour les

rideaux qui interdisent l'entrée de la lumière dans cette pièce. Toujours pour jouer sur les contrastes, on a choisi un mobilier noir pour la chambre et le salon, et un mobilier clair pour la cuisine. Dans les deux cas, ils se détachent bien sur le fond.

LOFT CUBE

WERNER AISSLINGER

Architecture intérieure : STUDIO AISSLINGER **Photographie** : STUDIO AISSLINGER

Le projet naît de considérations basiques : en premier lieu, de l'idée d'un logement minimaliste et temporaire ; en second lieu, et en référence à la ville de Berlin, de créer un artefact qu'il serait possible de placer sur le toit d'une architecture préexistante, redécouvrant ainsi les innombrables toitures en terrasse comme un précieux trésor. Le projet renvoie aux colonies expérimentales hippies, comme la Drop City de Colorado en 1965, ainsi qu'au mouvement de San Francisco de 1968 où les dômes géodésiques inspirés pour Buckminster Fuller ont fait fureur. L'idée du Loftcube est de créer de petits espaces habitables mobiles pour l'achat ou la

location. Le projet implique un calcul précis du poids de l'habitacle pour permettre son transport par hélicoptère ou par grue. Une fois que les délimitations de propriété des toits ont été établies et leurs périmètres sécurisés, ils seront prêts à être occupés par ce nouvel artefact. Le prototype ne doit pas dépasser le poids admis sur le toit en question et doit en outre résister

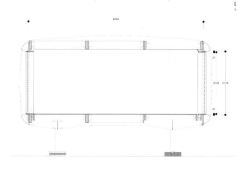

aux bourrasques de vent. La superficie intérieure est approximativement de 40 m^2 et sa structure se compose de quatre panneaux aux lignes douces et sinueuses. L'habitant peut choisir la couleur, le matériau et la résistance au vent de son prototype. Le degré de translucidité est aussi adapté aux goûts personnels par l'utilisation d'éléments aveugles, verres mobiles et lucarnes.

À l'intérieur, l'espace peut se diviser avec des panneaux coulissant sur des rails, créant la forme basique de l'espace habitable en deux faces, sur lesquels se fixent les modules du mobilier.

STUDIO WAXTER

JAMES SLADE

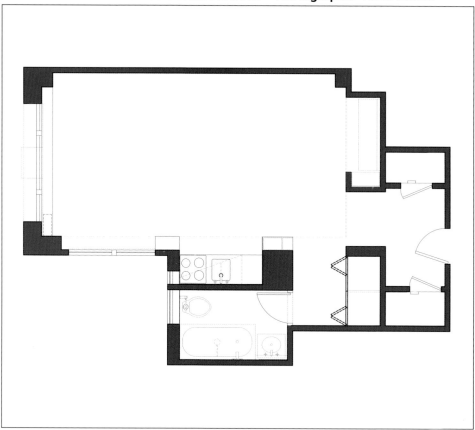

D'après l'architecte, l'objectif de cet appartement, conçu pour un marchand d'art, était de créer un espace simple et élégant dans un plan compact. Pour permettre des usages différents dans chaque pièce, des zones flexibles capables d'assimiler ces différentes fonctions, ont été établies. Il était particulièrement intéres-sant d'élaborer un espace qui pourrait se lire comme un grand volume plutôt que comme un ensemble de petites pièces. C'est pourquoi on a dessiné le plan le plus libre possible et fait usage d'une palette de couleurs neutres. La cuisine se structure comme une barre simple cachée par le mur, comme le lit qui se plie et

s'y encastre. Pour créer un volume unifié, les murs, les sols et les surfaces de la cuisine ont été peints en gris clair, détachant les meubles et les œuvres d'art du fond. La composition du mobilier de la cuisine a été soigneusement étudiée en fonction des besoins du client. Pour profiter de la petite fenêtre de la cuisine, les éléments ont été profilés et dotés de portes en

verre, permettant à la surface d'agir comme un miroir subtil qui reflète la lumière à l'intérieur du salon. Les miroirs ont été utilisés stratégiquement dans d'autres espaces pour augmenter la sensation d'espace. Chacun des éléments a été étudié minutieusement pour l'espace qu'ils occupent : les portes sont réinterprétées comme de hautes ouvertures et, dans quelques cas, des

rideaux ont été posés, ce qui permet d'isoler une aire, si une personne se trouve dans l'espace annexe, sans pour autant établir des aires fonctionnelles exagérément rigides.

CONTRASTES

BENN HAITSMA

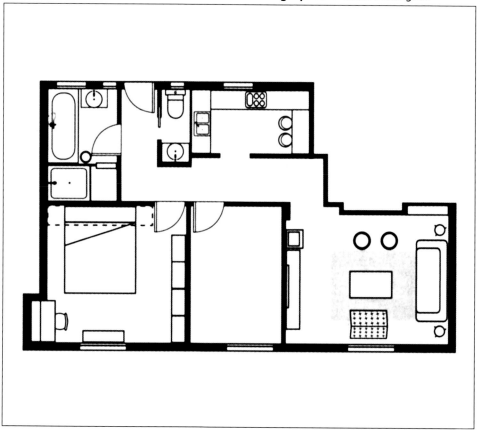

Il s'agissait à l'origine d'un petit appartement sombre et mal distribué, mais qui était malgré tout accueillant et disposait d'un potentiel immense. La réfection est partie d'un espace complètement vide, où seuls les murs étaient encore debout. La cuisine et la salle de bain ont été totalement transformées et seules les por-

tes de la chambre et de l'entrée ont été conservées. L'objectif était d'illuminer l'appartement et de rendre l'intérieur hospitalier. L'origine australienne des propriétaires et auteurs du projet ont influencé le choix des couleurs : pour affronter le rude hiver londonien, ils ont essayé de créer un climat chaleureux en utilisant une palette

claire et agréable. Le revêtement au sol de l'espace de nuit, du parquet en chêne de Californie,
établit le contraste chromatique avec les murs
et le plafond. Le mélange de styles des pièces
de mobilier répond à l'intention des auteurs de
ne pas créer une « ambiance unique ». Les

dimensions réduites de l'espace ont déterminé le choix d'éléments neutres pour le reste du mobilier. Finalement, l'appartement constitue tout un jeu de contrastes, par les couleurs, le style des meubles ou la diversité des matériaux.

MODULES AUTOSUFFISANTS

CANNATÀ & FERNANDES, ARQUITECTOS LDA

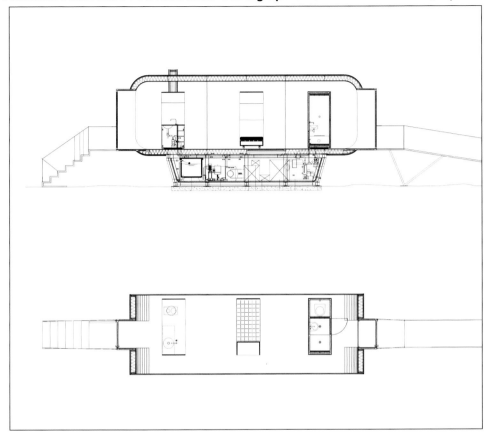

Ces prototypes réalisés par les compagnies CAPA et DST pour la CONCRETA 2003 se présentent comme une typologie de modules duplicables et associables, capables de répondre à une grande diversité de fonctions : logement temporaire, observatoire de l'environnement, bar ou encore petit magasin. Les caractéristiques du module sont sa fonctionnalité et sa convertibilité, sa capacité à former des ensembles urbains par regroupement, ainsi que sa complète autonomie (fondations, structures et installations). En outre, le module inclut des éléments pour l'économie d'énergie comme les panneaux solaires. Destiné à des zones où de

profondes modifications ne sont ni viables ni rentables, comme dans les parcs naturels, les plages ou les places urbaines, il apporte une réponse à un problème temporaire. Les dimensions de chaque module sont de 3 m sur 9 m,

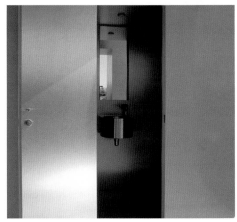

avec une superficie de 27 m². Le modèle s'implante comme un paquet élaboré préalablement en usine pour éviter les problèmes d'assemblage et son transport s'effectue par camion ou hélicoptère. Chaque container, outre qu'il

répond à une nouvelle forme d'appropriation spatiale, s'ouvre à l'usage de nouveaux matériaux et technologies, attentifs aux problèmes énergétiques et utilisant de nouveaux matériaux résistants et légers.

ANCIEN BUREAU

NEREA ETXEBARRÍA

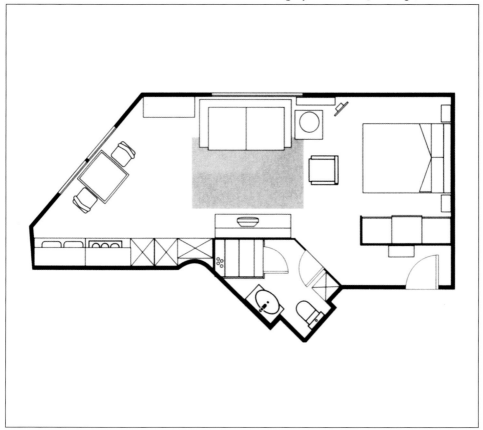

Ce projet présente la réfection intégrale d'un ancien bureau dans l'entresol d'un bâtiment à Rentería, au Pays basque. Le point de départ a été une vaste baie vitrée qui l'inondait de lumière naturelle. En raison de ses dimensions réduites, on a préféré ne pas le cloisonner et tirer parti de la continuité visuelle initiale, exception faite pour l'armoire à penderie encastrée, véritable distributeur, qui sépare la chambre de l'entrée. À gauche se situe la salle de bain, conçue comme un container et qui doit sa forme trapézoïdale à la forme de l'espace initial. La cloison de la salle de bain est recouverte d'ardoise, matériau qui se retrouve dans le séjour et la cuisine, dans la

finition des meubles. Malgré ses dimensions, cet appartement dispose de toutes les commodités apportées par l'équipement électroménager habituel, ainsi que d'un « système de climatisation écologique et économique comprenant des générateurs électriques indépendants », selon ses auteurs. On notera l'absence totale de menuiserie et de frises aux murs, qui sont peints en blanc cassé, prenant directement appui sur le sol en

ardoise. La hauteur des plafonds a été détermi-
née par l'installation de l'éclairage généralement
halogène, complété par des éléments ponctuels
de lumière adaptés à chacun des recoins et à
leur fonction.

APPARTEMENT PILOTE

ÁBALOS & HERREROS

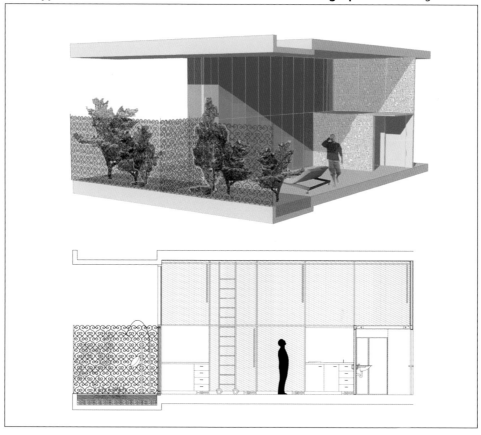

Les auteurs proposent une unité habitable plus haute que les unités habituelles. Elle n'a qu'un seul mur, qui sert à la fois de lieu de stockage et de passage pour accéder aux autres installations, ce qui libère de l'espace pour les usages imprévus. En outre, un espace extérieur est proposé à la manière d'un jardin clos faisant clairement référence à la vie sous les climats méditerranéens. L'appartement se conçoit comme une cellule dans un ensemble compact en forme de svastika autour d'un noyau central construit avec des murs écrans, pour un total de 16 à 20 étages. L'ensemble est surmonté d'un collecteur solaire qui abrite un jardin collectif équipé, dominant

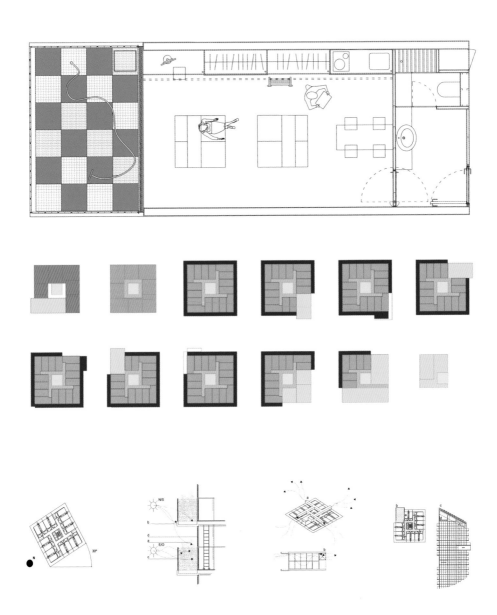

trois autres espaces collectifs à l'intérieur (entrée/blanchisserie, gymnase, salle collective). Les intérieurs sont nus, les murs et plafonds en béton, doté d'un seul meuble en polycarbonate, semblable à la cloison, et qui composent deux dièdres. Peu de meubles et de papiers peints, un sol blanc en continu forment le reste des finitions intérieures. Les installations sont visibles depuis les couloirs passant dans le mur – qui s'étend au jardin. Le système de ventilation croisé des couloirs profite lui aussi de la hauteur des murs pour procurer un bien-être maximal.

BLANC ET NOIR

JOSÉ LUIS SAINZ

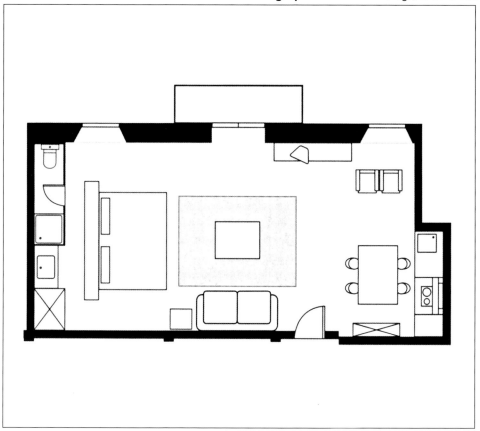

Ce logement est un attique de 40 m² dans la maison familiale de l'architecte d'intérieur. Celui-ci est l'auteur, avec son équipe, de ce projet dont le point de départ a été la nécessité de profiter de la continuité et de la luminosité pour faire face au manque de superficie. Le projet se développe en un espace unique, sans distinguer les zones publiques des zones privées : « Il s'agit d'une étendue diaphane, sans espace intime, qui n'est pas nécessaire puisque le logement est unipersonnel. » Le caractère pratique et la luminosité donnent le ton. La cuisine, le salon, la chambre à coucher et la salle de bain constituent une ambiance unique, caractérisée par l'harmonie

chromatique. La salle de bain et le débarras acca-
parent les seules portes du logement, battantes
et en verre trempé. Entre ces deux éléments
apparaissent les toilettes ouvertes, dotées d'un
lavabo avec miroir, derrière lequel se cache une
petite armoire. Un contraste chromatique

blanc/noir domine toute l'atmosphère, éclaboussée seulement de quelques touches de couleur dans le mobilier, œuvres graphiques et figuratives. « Le blanc inonde les murs, le sol (les frises incluses) et le plafond, tandis que le noir est le ton choisi pour le mobilier et les revêtements

réalisés par notre studio. » Le projet résulte d'une conversion totale de l'espace et des éléments existants, préservant uniquement les poutres en chêne d'origine et les laissant apparentes, mais blanchies.

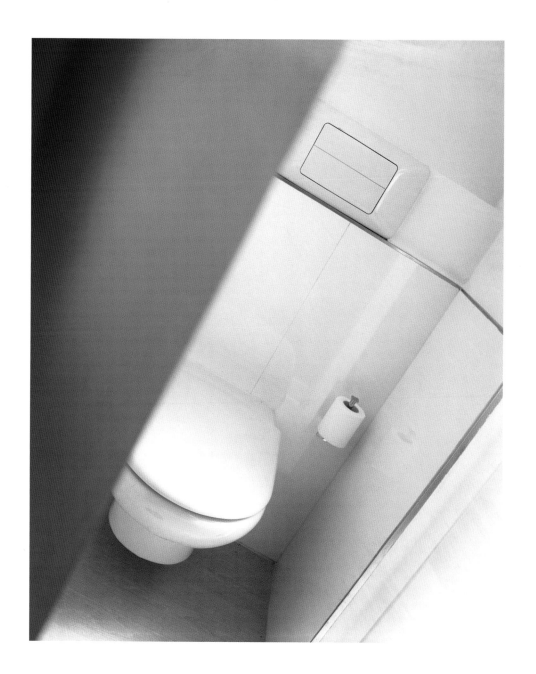

GAGNER EN HAUTEUR

CECILIA ISTÚRIZ

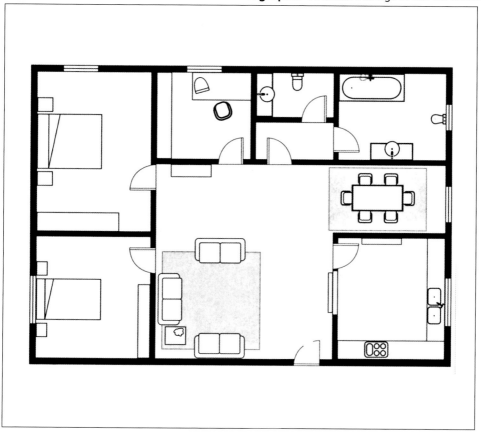

La structure particulière de poutres en bois dissimulée derrière de faux plafonds a été, pour l'auteur et propriétaire du projet, l'élément déclencheur du processus de la réfection. Le logement se trouve sous la couverture basse d'un édifice du début du XXᵉ dans l'agglomération urbaine d'Hendaye, dans le Sud de la France. Il s'agit d'un toit de tuiles en ardoise, en bâtière, abritant un intérieur mansardé de plafonds hauts, avec de nombreuses pentes, et un treillis complexe de belles poutres en bois. C'est la raison pour laquelle le projet s'est concentré « sur le renforcement de la structure pour la laisser apparente en dégageant la partie centrale du loge-

ment pour que tout l'intérieur domine », expli-
que l'auteur. On a incorporé dans le toit des lucarnes pour faire entrer la lumière dans le salon,
puis l'on a peint tout l'intérieur en blanc afin
d'accroître la sensation de luminosité. On a créé
un léger contraste en peignant la charpente dans
un gris clair et en restaurant le parquet en chêne.
Une fois transformé, le séjour est devenu le centre d'attraction de l'appartement qui, en forme
de L, loge la salle à manger dans une extrémité
de l'appartement, la reliant à l'extérieur par une
ouverture existante. Les pièces se distribuent
autour de ce noyau central, et l'on accède à la

cuisine grâce à une cloison vitrée à mi-hauteur. Les chambres et les salles de bain sont traitées comme des zones indépendantes et plus privées puisqu'elles se ferment de manière convention-nelle. Une partie du mobilier a été conçue par la décoratrice à partir d'objets et de matériaux recy-clés, comme la table en bois de coffrage ou les canapés de récupération retapissés du salon.